AF212151

MANU ERENA (Jaén, 2005) es estudiante del grado de Publicidad y Relaciones Públicas en la Universidad de Málaga. Desde muy temprana edad comenzó a mostrar interés por diferentes disciplinas artísticas, sobre todo por las que se convertirían en sus grandes pasiones: la lectura y la escritura. Es autor de tres poemarios: *Consecuencias de decir te quiero* (2020), con el que consiguió revolucionar las redes sociales; *Nos quedarán más atardeceres* (2021), con el que también cautivó a sus lectores; y *Aunque vuelvas a tener miedo* (2023), con el que cierra un ciclo para poder seguir dando rienda suelta a su creatividad. *Todos mis poemas hablan de ti* es su primera novela.

Papel certificado por el Forest Stewardship Council®

MIXTO
Papel | Apoyando la
silvicultura responsable
FSC® C117695
www.fsc.org

Penguin
Random House
Grupo Editorial

Febrero de 2025

Printed in Spain – Impreso en España

ISBN: 978-84-10381-59-9
Depósito legal: B-21.221-2024

Compuesto en M. I. Maquetación, S. L.
Impreso en Liberdúplex
Sant Llorenç d'Hortons (Barcelona)

BB 8 1 5 9 9

Nos quedarán más atardeceres

MANU ERENA

Y aunque yo sé que todas las historias tienen su final,

ya no me pidas que de ti me olvide, que no soy capaz.

¿Cómo pretendo no echarte de menos si te amé de más?

AITANA, + *(Más)*

Siempre he sabido que mi mayor fuente de inspiración es el cielo. Puede que sea por las mil fotos que le hago al día, o por todos los momentos que he vivido viendo las puestas de sol con gente a la que quiero.

Pero a veces, esos tonos rosas o naranjas también me han recordado a personas que hoy no están a mi lado y que, de alguna forma, ahora están plasmadas aquí.

Por esta razón, además de incluir el inicio de toda esta historia con «Nuestra última puesta de sol» y terminarla con un texto llamado «Metamorfosis» (el cual solo quiero que leas cuando hayas leído cada una de estas páginas), el libro consta de dos partes:

«Perder(me)», ya que hay veces en las que creemos tan ciegamente en alguien que terminamos olvidándonos de nosotros mismos. Representa la rabia, el dolor que podemos llegar a sentir en algunas ocasiones por querer demasiado, el no saber cómo decir adiós.

«Querer(me)», ya que seguir adelante después de perder a quien hacía que nuestros días se vieran de otra manera no es tarea fácil. Pero no todas las historias de amores perdidos tienen que terminar con un corazón destrozado; debemos ser capaces de aprender a sanar nuestras propias heridas, de que vuelva a florecer aquello que parecía perdido.

Dos fases a las que parece muy difícil llegar, algo que solo lograrás aprendiendo a levantarte, a arriesgarte y a intentarlo una vez más.

Nuestra última puesta de sol

Nuestra última puesta de sol

Las despedidas más inesperadas
son las que también se aferran a ti,
a tu cuerpo y a tu ser.

A veces podemos llegar a tener miedo
de conocer la otra cara
de las personas que nos han enseñado
a descubrir quiénes somos,
a gastar todas nuestras fuerzas
en no poder entender
por qué te duele lo que se suponía
que te debería de hacer feliz.

Hay momentos como los atardeceres
que son efímeros y que nunca quieres
que acaben, aunque sabes que en un momento
todo se puede volver muy oscuro.

En los que puedes gritar, pero nadie te va a escuchar,
en los que todo puede cambiar,
y tus lágrimas den comienzo a una nueva historia.

Perder (me)

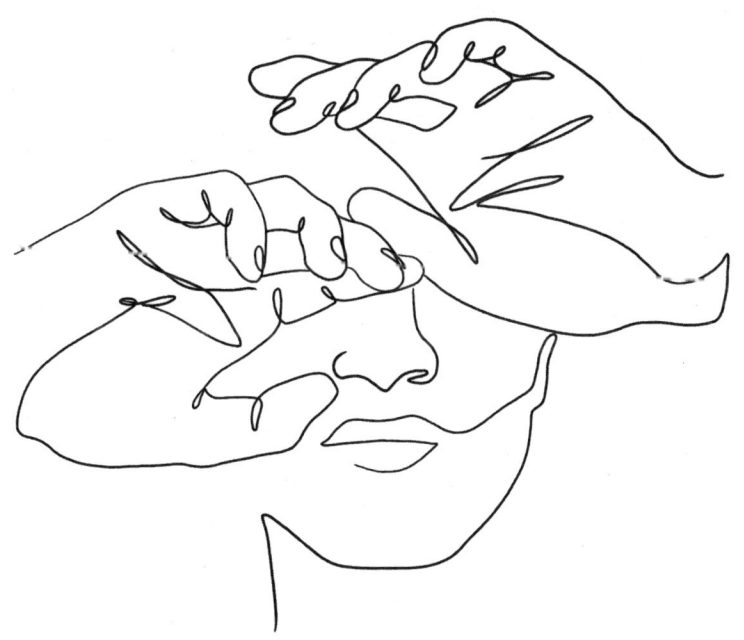

Algo más que un «lo siento»

Siento que me quedé
en una simple sombra.
Que no era suficiente.

Ahora me dices
que todo va a estar bien.
Pero no sabes que necesito algo más
que un «lo siento» para poder olvidarte.

Solo quiero evadirme de todo esto.
Solo quiero acabar con este silencio.
Porque no puedo ser feliz
cuando lo único
que quiero es dejar de sentir
que no debería estar ahí.

Había veces en las que lo replanteaba,
a lo mejor era mi manera de decirte te quiero,
o tal vez eran las mil vueltas que le daba
para buscarle una explicación
a todo lo que me hiciste.
Porque esta vez necesitaba

algo más que un «lo siento»
para poder curarme.

Porque ahora intento verme
en el espejo y solo te veo a ti.
Solo veo todo lo que hice
y donde acabé.

Intenté que abrieras los ojos
porque mi corazón pensaba
que era lo correcto.
Que el haber dejado de quererme a mí
tendría que haber servido para algo.

Pero ahora solo tengo miedos
y me he convertido en una simple sombra.

Una sombra que necesita algo más
que un «lo siento»
para poder seguir adelante.

Querido diario

He destrozado todas estas páginas
porque me recuerdan a ti,
a cuando fuimos sin frenos
porque pensábamos
que todo era para siempre,
a cuando tú todavía querías formar
parte de mí.

He quemado hasta el más
remoto rincón de mi inspiración,
porque solo hay restos
de una metáfora en la que
solo apostaba uno de los dos.

He destrozado todas estas páginas
porque ya no hay nadie que quiera
terminar de escribirlas conmigo.

Solo escribo cosas tristes

Me siento perdido.
Hay una especie de guerra dentro de mí
de la cual me es imposible salir sin
haberte olvidado antes.

Ya no tengo sueño,
tengo tanto dentro que solo
puedo estar escribiéndote cartas
sobre una almohada empapada.

Tengo tanto dentro que solo
puedo pensar en cómo olvidar
todo el daño que me has causado
para poder perdonarte y pedirte que vuelvas.

No quiero volver a pasar por tu esquina
sabiendo que la persona que creía conocer
no va a volver.

Te avisé muchas veces
de que esto podía pasar,

tenía miedo de abandonarte
y a la vez abandonarme a mí también.

Ahora no sé cuántos días de diciembre
voy a necesitar para poder cicatrizar
estas heridas que han ido
apagándome cada vez más.

Porque no quiero volverte a ver
y que mil voces en mi cabeza
me griten que te necesito
para poder seguir adelante.

Cuando encajas las piezas

Mirada perdida,
tocarle y a la vez
sentirle tan lejos,
un «hasta luego» que
no te da pena,
palabras que se quedan
en simples letras,
dejar de echar de menos
su olor porque te recuerda
a todo lo que
pretendes olvidar.

Ahí es cuando te das cuenta,
cuando encajas las piezas
de un puzle que en tu cabeza
nunca había tenido sentido.

(Hasta ahora).

Siento que soy insuficiente

Tengo miedo de irme de aquí
y olvidar lo mucho que me queda por decir.

Siento que soy insuficiente,
quiero extirpar ese nudo en mi garganta
que dejaste en mí cuando te fuiste.

Siento que quiero salir corriendo
a buscar a alguien que no sé si me espera,
o necesitar curar ese corazón que poco a poco
se va partiendo al imaginarse una nueva
despedida.

Siento que soy insuficiente,
porque siempre me han dicho
que es bueno estar solo.
Que te ayuda a ver a quién dejas atrás
Para encontrarte a ti mismo.

Mientras que lo único que quería
era quedarme con la tripulación
para no ahogarme en las olas.

Porque ahora solo siento que me asfixio
por intentar que estés bien,
en estas cuatro paredes
que solo me recuerdan a ti.

Pérdidas

He intentado buscarme en mil vidas,
pero me perdí intentando alejarme de ti,
pero me perdí intentando alejarme,
pero me perdí intentando,
pero me perdí.

Y ya no puedo volver a encontrarme.

Sin ti

Sin ti
ya no hay historia
ni capítulos
que no entiendan
de principios o finales.

Sin ti
ya no hay ningún personaje
que quiera arriesgarse tanto
para luchar contra
viento y marea,
ya no hay frases que
hagan que el lector
quiera congelar el tiempo.

Tú eras mi historia,
o gran parte de ella.

¿Cómo quieres que ahora siga
escribiéndola sin ti?

Vivir en la cuerda floja

A veces puedo vivir
dentro de una línea que separa
lo que realmente soy
y lo que se supone que tengo que ser.

Pero realmente siempre termino
escondiéndome en ella
y a la misma vez
dejándome en evidencia.

Porque demuestra que
no soy capaz volver
a revivir pesadillas que
no he podido terminar de soñar
por la duda de si sería capaz de salir de ahí.

Debería ser valiente,
pero estoy harto de intentar serlo.
Solo quiero parar un minuto
o todos los que hagan falta,
hasta que consiga dibujar una línea
que indique un camino

en el que todos mis esfuerzos
sirvan para algo.

Para poder reencontrarme.

Desorden

Prefiero olvidar todas las salidas
para así no poder irme,
que mis ojos se apaguen
para que no me dé cuenta
del desorden que has dejado.
Prefiero mirar desde mi ventana
por si decides aparecer
para no tener que pensar
en un plan B.

Y creo que seguiré intentando
tapar todos esos errores
que fueron los que nos unieron
y a la vez nos destrozaron.

Engañarse a sí mismo

Siento que me estoy engañando a mí mismo,
que no voy a poder averiguar qué es lo que me pasa.

Siento rabia al ver que mis mejores letras
hablan de ti, las cuales no te mereces.

Qué rabia ver cómo sonríes
y la manera de llorar que tengo al recordarte.
Rabia al recordar el temor que tenía
de volverme a encerrar en tus ojos.
¿No has querido nunca dejar de sentir algo
por el miedo a seguir haciéndote daño?
¿O convertir el echar de menos en algo bonito?
A veces me pasaba.
Porque me sentía muy pequeño,
decía que iba a volverme a querer
como tú nunca lo habías hecho.
Pero sonrío con tristeza,
porque en el fondo me gustaría
que estuvieras aquí conmigo.

Pero siento que me estoy engañando a mí mismo.

Sincero

Voy a ser fuerte por los dos,
por las palabras vacías,
por cuando me perdía
en un silencio que a veces
desgarraba tanto como
lo hacían tus gritos.

Voy a esperarte
en todas las
estaciones posibles,
por si decides quererme
tanto como lo hice yo.

El fin del mundo

Cuando vivamos en una realidad
en la que no importe
qué tienes, sino quién eres,
cuando nos vayamos a dormir
sabiendo que nada es eterno,
que en cualquier momento
los charcos que te separan de alguien
pueden convertirse en océanos.

Cuando sepamos amar,
valorar,
estar
y dejar ir,
¿estaríamos viendo el fin del mundo?

Hasta que mueres

Momento 1

Qué bonitos son los días
en los que me sonríes
como solo tú sabes hacerlo,
en los que me abrazas
para que pueda resguardarme
hasta que todo se calme.

Momento 2

Me quieres hasta que
llegue alguien que
demuestre lo contrario.

Hasta que te olvides de mí.

Momento 3

Nos prometimos que seríamos eternos,
pero lo único que cumplimos
de esa frase era la mentira
que se escondía en ella.

Momento 4

Duele pensar en febrero
y en cada una de las palabras
que te dediqué de más.

Pero no me creas cuando
te diga que no quiero volver
a intentarlo y apretar el gatillo.
Lo que no quiero es
volver a creer que luchar
por una persona significa
perdonar todo aquello
que hizo que en tus ojos
no dejase de llover.

Cuestión de suerte

De vez en cuando siento la sensación
de estar rodeado de gente,
pero a la vez sentirme vacío.

Porque puedo decirte que voy a superarte,
pero todo lo que escribo sigue siendo para ti.

Y tal vez todo sea cuestión de suerte,
que en algún momento
aparezca alguien
que quiera verme con tus ojos,
que sepa hacerlos brillar,
y nunca quitarles la luz.

Todavía dueles

Te has ido justo cuando más te necesitaba.
Justo cuando no tenía nada que perder
y solo pensaba en esperarte.

Y aunque en el fondo sabía
que no era el causante de esta despedida,
mi cabeza solo podía repetir continuamente
ese «no te vayas».

Ahora todas las canciones
que escuchábamos juntos
me van a recordar a tus ojos,
a aquello que prometías y después olvidaste.

Me van a recordar que te has ido
y que no puedo hacer nada para cambiarlo.

Cuando te das cuenta

Intenté seguirte cuando tú
solo me dejabas atrás,
intenté olvidar el hecho
de que te estabas olvidando de nosotros
mientras que el vértigo
se apoderaba de mí
al ver que nos tendríamos que despedir.

Atado al atrás

Me siento de cristal,
porque he vivido
creyendo que era libre
volando dentro de una jaula
de la que nunca podría escapar.

No tengo dudas de
si debo seguir nadando,
pero sí de lo que me espere
cuando llegue a cualquier lugar,
a cuando deje de saber
lo que pensaba que
significaba la palabra «hogar».

Ahora solo soy vacío,
porque sigo atado al atrás.

Ser fuerte

No tenemos que ser fuertes constantemente,
también podemos derrapar,
podemos rompernos,
podemos llorar cuando vemos
que el camino no para
de oscurecerse.

Podemos mantenernos a flote
para no ahogarnos,
vivir en un paréntesis
hasta que podamos
ponerle puntos finales
a historias de las que no formamos parte.

Porque ser fuerte no solo significa
estar siempre luchando,
no significa correr sin mirar
todo lo que quemas a tu paso.

Ser fuerte también es
pararte un segundo
y saber dejar estar.

Desastre

Solo escucho eco dentro de mí.
Disparaste sin darte cuenta
y dejaste salir todo lo que tenía dentro.
Todo lo que callaba.
Todo lo que me consumía.
Todo lo que me asustaba y que haría
que perdiera todas mis piezas.

Solo puedo intentar andar sobre
estos cristales rotos
sabiendo que me voy a cortar,
no puedo hacerlo de otra manera,
no sé si quiero huir o quedarme aquí
con esta oscuridad
que cada vez se parece más a mí.

Pensaba que perdiéndote dejaría
de tener tantas inseguridades sin guardar,
pero ahora no sé dónde esconderlas
y me he perdido a mí también.

Errores

Junta tus manos con las mías,
aunque cada vez estén más vacías,
quiero sentir cada centímetro
que podamos unir,
aunque lo de dentro
cada vez se aleje más.

Solo te pido que lo intentes,
por todo lo que algún día fuimos.

Siendo jóvenes

El problema dejará de serlo
cuando deje de aferrarme
a momentos que
no pueden ser eternos,
cuando deje de preocuparme
por quién me acompaña
en el camino en vez de
a dónde quiero llegar
o cuando pare de idealizar
a personas que van girando
alrededor de un mismo rol.

Dicen de los jóvenes
que tienen todo el tiempo
del mundo para madurar,
para encontrarse.

Pero hay veces en las que nos estancamos
y no nos damos cuenta.

Días grises

No sabía muy bien qué hacer
la primera vez que estaba
todo un poco más despejado,
después de pensar que
desaparecería en la tormenta.

Puede que no lo viese con claridad,
pero había días en los que deseaba
que nos volviéramos a encontrar
en alguna parte,
aunque esta vez fuese diferente.

Y ojalá que el dolor que nos dejamos
no durase para siempre.

No es lo mismo

Desde pequeño he sido una persona
muy inconformista.
No sé si será por el miedo de quedarme con
las ganas de haber hecho algo o por el vértigo
de poder llegar a caer al vacío.

Porque no es lo mismo despedirte de
una persona cualquiera que tener que abrazarle
con fuerza para ganar unos segundos más junto
a ella.

Porque no es lo mismo hacer algo por amor que
tener que alejarte para que este no te mate.

Porque no es lo mismo confiar en que alguien
quiere estar a tu lado que tener que mirarle
a los ojos para entender lo que sus labios
no pueden gritar.

¿Sabes?

Me sentía tan pequeño
al decirte que necesitaba más que tiempo
para poder aclararme
sin poder apretar los puños
para no destrozar mis nudillos.

Antes pensaba que dejarte ir se convertiría
en mi final,
porque no quería darme cuenta
del daño en el que nos envolvíamos,
porque es muy difícil ver de otra manera
a quienes te convierten
en aquello que más odias.

Veneno

Era yo
el que tenía tanto veneno dentro
que no sabía cómo evitar matarse.

Era a mí
al que no le quedaban lágrimas
porque las había derramado
sobre letras que estaban
desordenadas.

Y no me di cuenta
de que cada vez te culpaba
por el daño que me dejaste,
me odiaba a mí mismo
por dejarte marchar.

La generación de las mariposas

Con el tiempo las generaciones han ido
cambiando y evolucionando. Supongo que
para arreglar lo que otros en su día no pudieron
conservar, para construir un mundo en el que
podamos volar sin tener que equivocarnos más
veces de las necesarias. Pero, aunque desde
arriba se viera todo más fácil que antes, ahora
se tendría que luchar contra algo mucho peor
que simples rasguños. Ver como una luz se iba
apagando detrás de una sonrisa, ir caminando
por cualquier acera y contemplar mil rostros
en los que solo había vacío.

Inexplicable.

Podían ser capaces de utilizar sus alas para
poder llegar tan lejos como se hubiera querido
años atrás, pero ellos temían que sus alas
se rompiesen, de que todo por lo que habían
luchado se desvaneciese en cuestión
de segundos.

La generación de las mariposas. Tan fuertes
y con la capacidad de renacer las veces que
quisieran, y ellos sin saberlo.

Pero no les culpo. Quizá sea por las veces en
las que han confiado tanto en algún compañero
de viaje que han terminado cayendo en picado,
o por el tiempo que han estado tapando heridas
superficiales que recuerdan a una guerra de
la que no pudieron salir victoriosos.

Y ojalá que, algún día, aquellas que murieron
intentando reescribir su historia consigan
romper cualquier crisálida para poder
reencontrarse en el camino.

Porque confío en nosotros, en toda una
generación llena de miedos, pero capaces
de volver a intentarlo todo una vez más.

Reconocerlo es el primer paso

Siento que me agarro demasiado a las personas
Porque no quiero caerme
y que nadie esté ahí para sujetarme.

A veces pienso que doy demasiado
hasta el punto de olvidarme de mí,
de perderme,
de no poder reconocerme,
de intentar complementar
de cualquier manera a alguien que
en el fondo no me quiere en su vida,
o que no soy lo suficientemente importante
como para que me lo demuestren día a día.

Y tengo miedo,
claro que tengo miedo.

Miedo de consumirme,
de esperar a algo
que realmente nunca va a llegar,
de que conozcan nuevas personas

que aporten más que yo
y que terminen olvidándose de mí.

Y en el fondo,
todas mis heridas siguen abiertas
e intento cicatrizarlas con simples tiritas
para que esos miedos
no puedan salir de mí.

Miedos

Intentamos aferrarnos
a algo efímero
porque tenemos miedo
de quedarnos a solas con
nosotros mismos.

En prisión

Puede llegar a ser muy difícil
escapar de una cárcel a la que
has entrado voluntariamente,
porque siempre existe
esa duda de lo que te puede
quedar cuando salgas,
de si realmente quieres hacerlo.

Algo así me pasó contigo.
Quería estar hasta el último
momento a tu lado
porque me dejabas decorar
mi celda con ilusiones,
porque estar junto a ti era
una mezcla entre adrenalina
y temor por soltarte,
por cómo sería un camino sin ti.

Porque no quería aprender a sobrevivir
después de estar toda una condena contigo.

A veces tengo miedo de volver

Estoy en una recta final
en la que solo me queda
apostar y ganar.

Quizá el precio de quemar
todo lo que me rodea sea solo
dejarme ir.

Tiene que llover para que
pueda luchar contra la tormenta
y poder nadar contra corriente,
para que pueda llegar a algún sitio
en el que me sienta yo.

Algún sitio en el que
no tenga miedo de perderme
ni de olvidarme de correr
por si alguien decide volver a
hacerme retroceder.

No sé si valdrá la pena

Si pudiera quedarme aquí,
evitando que este vals termine
y a la vez poder borrar
hasta el último roce
de nuestras manos.

Si pudiera seguirte cada segundo
en el que quieres acelerar
y a la vez poder huir lejos de ti
porque lo que nos rodea está en ruinas.

¿Me valdrá la pena saltar al vacío
sin saber qué es lo que me espera?

¿Me valdrá la pena dejar de
buscarte en todas mis vidas?

¿Me valdrá la pena decir adiós antes del caos?

Al otro lado de la puerta

Déjame entrar,
me da igual que esté
todo desordenado,
que haya hojas a medio escribir
o la música tan alta
que no te pueda escuchar.

Déjame ver bien tus ojeras
para poder ayudarte,
no quiero perderte
ni que nuestra canción se acabe.
No puedo obligarte a caminar
pero sí ayudarte para que
llegues a salvo a la meta.

Déjame reconocer
que nos abandoné
cuando pensaba que así
sería todo más fácil,
cuando creía que olvidarse
de uno mismo era igual
que darme otra oportunidad.

Querer(me)

Toma nota

Quererse forma parte
de una lucha constante
entre lo que tu mente dice
y lo que tu corazón pide.

Es saber cómo apagar
un incendio sin extintores que valgan,
porque cuando estás
en medio del caos,
solo te tienes a ti.

Aunque ya no estés aquí

Aunque ya no estés aquí,
voy a estar esperándote;
voy a mirar cómo continúas tu vida,
aunque no sea de mi mano;
voy a esperar hasta las doce
como he hecho siempre;
voy a intentar olvidarme de que
nuestra historia se acabó
entrelazándose con otra.

Porque ninguna de mis letras
están preparadas para decirte adiós,
porque desde que no estás
el cielo se ha vuelto nublo,
pero sigue llevando tu nombre escrito.

Cosas que resguardan del frío

Los que pueden quererse
sin tener que morir en el intento o
la manera en la que se miran
los que no pueden gritar.

Una cena en la que no
nos fijamos en la cuenta,
sino en quien está a nuestro lado o
las caricias de una madre
que te dicen que todo va a estar bien.

Un «vas a poder con esto» o
el primer abrazo antes de ponerte a llorar.

Y saber que te tienes a ti por si falla todo lo demás.

Es normal

Estoy cansado de formar parte
de este bucle del que no puedo salir;
me asusta no poder encontrarte
cuando me arrepienta de irme sin mirar
todo lo que dejo atrás.

Acojonado por arrancar todas las flores
que has dejado marchitadas
en lo poco que quedaba de mí,
por si en algún momento vuelven a brillar.

Dicen que es normal sentirse solo
después de perder a alguien
que se encargaba de llevar tu rumbo.

Pero ¿es normal sentirse solo
después de perder a quien
te dejaba caer en tu propio abismo?

Ahora o nunca

Hay días en los que se te olvida
que la vida es un juego constante
en el que no puedes
apostar todas tus cartas
aunque ansíes el premio
que crees justo,
ni olvidar que
lo que conoces como sano
también puede ser lo que te mate.

Solo tendrías que fijarte
en quién eras y todo lo que
has cambiado para poder ser
cómo eres ahora,
sin pensar en físicos,
en personas que hacen
que no te quieras como deberías,
ni el tiempo que has necesitado
para entenderlo.

Es lo más importante,
verte en cualquier espejo,

saber reconocerte sin comparaciones
y recordarte todos los días
de dónde vienes
y hacia dónde quieres ir.

Semillas

Tenemos la responsabilidad
de regar nuestras propias flores
y de cuidarlas cada vez
que parezcan apagadas
para que sean capaces
de bailar con el sol.

Para que puedan brillar cuando
nosotros no podamos hacerlo.

Hogar

He dejado de saber lo que es un hogar
porque siempre tengo miedo
de volver y que la puerta
esté cerrada bajo llave.
Porque a veces no sé cómo
interpretar algunas situaciones,
me olvido de lo dañino
que puede ser crear una realidad
totalmente diferente para poder
ser bienvenido en alguna parte.

Ya no quiero volver a estar
en un lugar seguro,
porque quiero aprender
a estar conmigo,
porque quiero demostrar
que puedo ser fuerte
cuando todo se va.

Sé que es muy difícil
pasar página cuando deseas
que todo vuelva a estar como antes.

La vida se basa en ciclos que nos
ayudan a coser aquello que está roto
y que antes nos agobiaba arreglar
por si aumentaban los daños
a nuestro alrededor.

Pero no siempre tienes por qué
estar en mitad del desorden.
Puedes ser tu lugar seguro
en el que refugiarte
mientras que aprendes a sanar
todo lo que no has podido dejar atrás.

Si crees en ti,
vas a estar siempre
en el momento correcto,
vas a olvidar el miedo
y vas a luchar
por lo que verdaderamente mereces.

No te molestes

No te molestes
en intentar reconstruir
algo que era tan fuerte
como lo que sentía por ti
y que tú destrozaste
sin importar quién hubiese
debajo de los escombros.

Autobús de vuelta a casa

Hay cosas que, aunque sepas
que tienes que hacerlas, duelen.

Es como correr de la lluvia sabiendo
que el caos está encima de tu cabeza,
es como gritarte para intentar
que se quede lo poco que queda de ti.

Probablemente no sepa qué hacer
cuando vuelva a llover,
mis sentidos se bloquean,
mi mirada se nubla
y mis manos se resbalan
aunque quieren agarrarse al pasado.

No puedo dejar de verte en el cristal
de aquel autobús que me recuerda a los dos.

Porque ya no estás,
y siento que solo me queda mojarme
para sentir cómo se van ahogando

todos nuestros recuerdos,
hasta olvidarte.

Me duele, pero tengo que hacerlo.
Porque esta vez no quiero seguir nadando
y no creo que haya tierra firme
que me pueda salvar.

Amor de verano

Huyes de las calles de tu ciudad
para poder verme sentado en la orilla,
para que pueda ver los hoyuelos
que te salen cuando
digo que eres quien me ayuda
cuando no puedo encontrar
las palabras adecuadas
para explicar qué es lo que siento.

Vuelves para poder consolarme
cada vez que le susurro al mar
que no quiero que te vayas
y nos olvidemos.

Porque nosotros no somos un
simple amor de verano.

Por nosotros

Lo nuestro fue más que un anochecer
en el banco de siempre.
Fue más que un Happy Meal a medias
en el que uno comía y el otro se reía por el
juguete.
Fue más que una serie en común.
Fue más que cualquier mirada
que pudieras lanzarme cada vez
que sabías que algo iba mal en mí.

Lo nuestro fue un arma de doble filo.

Nos queríamos,
pero juntos ardíamos
aunque estuviéramos nadando;
lanzábamos dardos a ciegas
que terminaban clavándose
en nuestros costados.

Tengo que dejarte ir,
porque cuando me acerco
mi mente deja de actuar.

Te voy a echar de menos,
voy a escuchar nuestras canciones
y me voy a acordar de ti,
porque me moría por continuar mi vida contigo
para que la pusieras en orden justo
cuando todo se torciese.

Gracias por hacerlo todo siempre
como mejor has podido,
pero nos queríamos tanto
que se nos olvidó lo que significaba
realmente el amor.

Creo que estaré bien

Ojalá que las palabras no se entrelazaran
cuando intento hablar de ti.

Espero que mis ojos no sigan
volviéndose cristalinos cada vez
que alguien me pregunta
si voy a volverte a ver.

Creo que estaré bien,
por todas las veces en las que he tenido
que olvidar para poder sanar,
en las que he tenido que recordar
que vivimos rodeados de cambios
de los que aprendemos
para conocernos a nosotros mismos.

Creo que estaré bien
y, aunque se me haga difícil decirte adiós,
recordaré que hay veces
en las que debo alejarme de la batalla
porque primero tengo que combatir
la guerra que hay dentro de mí.

Silencio

Estoy sentado a tu lado
mientras que nuestras
mariposas están hechas un lío
deseando de ser capaces
de mandar todo a la mierda
y poder conectarse.

Da igual los años que pasen

Pensaba que encontrar a alguien
que supiese quererme
en mis días grises
sería tan difícil como escuchar
Golden, de Harry Styles,
sin acordarme de ti
y de todas las veces
en las que has aguantado
la misma historia
cuando no sabía
cómo terminar de escribirla.

Quiero ver siempre esa luz
que tienes con los demás
y contigo misma,
que pasen tantos años
como los que hemos necesitado
para entendernos
y que nunca me canse
de escucharte,
porque estoy muy orgulloso
de tenerte,
de tenernos.

¿Qué es el amor?

El amor es algo que se cuida,
como si fuera una semilla que hay
que regar para que algo florezca.

El amor es aquello
que temes que se marchite
por si no sabes mantenerlo con vida.

El amor es un aprendizaje
constante contigo mismo.

Porque cuando todo se va,
solo quedas tú.

La función

Se abre el telón.
Ya no estás.
Ya no puedes encontrarte.
Intentas buscar las yemas de tus dedos,
pero sigues sin ver nada.
Intentas levantarte y no eres capaz,
has sufrido mucho.

Pero el público sigue esperando
el segundo acto sin saber
que a su protagonista se le acabaron
los guiones.

Pero como se dice,
la función debe continuar.
La vida sigue.
Y tú también debes seguir.

Porque todavía quedan más escenas que sentir.
Y, aunque tu fiel compañero
te haya fallado,

eres tú el verdadero protagonista
de la historia.

De esta historia, de tu historia.

Unknown

No sé quién eres,
pero quiero saber
de dónde has salido,
tú y tu manera de entrar
en mis sueños,
tú y lo que haces
para que no piense
en nada más,
tú y el mundo al que
me transportas cada vez
que estamos juntos.

No sé quién eres,
pero espero que me dejes
quedarme en cada uno
de tus recuerdos
y que quieras formar
parte de los míos.

Complicidad

No quiero depender de nadie
porque sé cómo puede terminar.

Pero hay días en los que
quiero tener a alguien que sepa
secar mis lágrimas cuando
mi almohada no pueda guardar más.

Alguien que quiera arriesgarse por mí,
que me enseñe lo bonito
que puede ser todo
si lo miro con buena cara.

Solo por si algún día me olvido de hacerlo yo.

Para cuando lo necesites

Vivimos deseando un ojalá,
pero cuando tenemos
la oportunidad delante,
nos echamos atrás.

Puede que sea por cada
vez que han hecho que dudemos
de todo lo que somos capaces,
olvidando lo que puede
llegar a significar arriesgarse.

Una decisión que lo cambia todo.
Que te cambia a ti.

Seguir creciendo

Tengo dieciséis años
y me aterra seguir creciendo.

A veces siento que no
aprovecho cada momento
tanto como debería,
que pienso demasiado
en los problemas cuando
no sé darles la vuelta.

Quiero recordar
a todas las personas
que me enseñaron a ver
los días de otro color
y que me ayudaron
a pensar más
en mi propio camino.

Ojalá seguir dejándome
la voz en más conciertos,
por si algún día no queda
música que sepa cómo sanar,

o seguir escribiendo
por si algún día
mis letras se quedan
al fondo de cualquier cajón.

Y sé que el tiempo vuela,
que vivir experiencias nuevas
también forma parte
del ciclo de la vida.

Que todo se puede volver más fácil
si lo miras desde otra perspectiva.

Hilo rojo

Desafías cada una de mis teorías
cuando me consuelas diciéndome
que solo somos fugaces
en vidas en las que no
podemos formar parte.

Y no sé
si seremos para siempre
o si seremos efímeros,
pero recordaré siempre
todo lo que nos unió.

Algo incluso más fuerte
que nuestro hilo rojo.

Nuestros propios límites

Tenemos miedo a ser débiles,
a no atrevernos,
a esperar que el mundo
siempre nos dé segundas oportunidades.

Tenemos miedo al «qué pasará»,
a las despedidas,
a ponernos esos pantalones,
a los lunes y sus mañanas,
a querer de verdad.

Tenemos miedo a dejar de fingir,
a decir que es lo que de verdad
queremos ser,
a tirarlo todo por la borda
e intentarlo.

Ahí es

Darle al *play* a cualquier *playlist*
y no poder parar de pensar
en alguien que se cuela
en todas tus canciones.

Eres así

Enamórate de ti,
de tu forma de sonreír
y de cada vez que intentas
conseguir cada cosa
que te propones.

Y también
de lo impuntual que
puedes llegar a ser
por las mañanas
o de la manera que tienes
de pedir perdón
cuando te equivocas.

Eres complicado.
Pero a la misma vez, perfecto.

El final de nuestra historia

Ya solo me queda
terminar de escribir este capítulo,
aunque no quiera saber
cuál es el final.

Quiero dejar de esconderme
del destino solo por
las malas jugadas
que pueda tener conmigo.

Pero quizá solo necesite
acabar esta historia
para empezar otra nueva.

Sempiterno

«Que durará siempre, que no tendrá fin».

Contigo necesito vivir el presente
junto a cada centímetro de tu piel,
con cada uno de los versos
que te envuelven,
con cada una de nuestras miradas
y de todos los te quiero
que nos dedicamos.

Lo nuestro es sempiterno
y no necesitamos pararnos
a pensar en lo que nos pueda
deparar el futuro.

Juntos iríamos a ciegas,
sin temerle a los refranes
y dispuestos a arder
mientras que sea
al lado del otro.

Sonreír después del beso

Mirarnos y saber que
todo se ha descontrolado,
estar conectados,
ver que hay un hueco para mí
dentro de ti,
saber que lo mandaría
todo a la mierda
por estar cinco minutos
más en tu portal,
escuchar las canciones
que te recuerdan a mí,
mil besos que son
más que necesarios,
una sonrisa a medias
y esa sensación que dice
que debes quedarte.

Cansado de ti

He aprendido demasiado tarde
que cuando dos personas
se quieren no tendrían
por qué hacerse daño.

Antes se me daba bien
esconder todo lo que sentía
y ahora estoy cansado
porque no quiero quererte,
pero estoy desesperado
por buscarle salida a este caos.

Quiero que alguien me acompañe
a la salida de este desastre
porque me he acostumbrado
a depender de ti.

A creer que la vida
giraba en torno a nosotros,
a lo que nos hacía pedazos,
a aquello que llamábamos amor.

Modo avión

Quiero avanzar
sin la duda de qué será
de nosotros y
de lo que conocemos
como destino.

Quiero volar
sabiendo que somos
un desastre,
pero juntos formamos
algo más que tierra firme
en la que poder aterrizar.

Escucha este audio cuando puedas

Qué suerte tienen los que
pueden evadirse del temor
con tan solo una llamada.

Algo así me pasa cuando estoy contigo.

Los minutos se me escapan
cuando hablo de ti,
eres todo lo que me haría
perder la cordura
y quien me hace reír
cuando siento que todo se derrumba.

Qué bonito es saber que
vas a estar ahí cuando te envíe
un audio interminable sintiéndome vacío,
saber que vas a venir a buscarme
cuando todo esté perdido.

Porque sé que si algún día
el futuro decide separarnos,
siempre me quedará
todo lo que me has enseñado.

Tirando de carrete

Somos casualidades que
en algún momento decidieron juntarse,
para que el proceso de encontrarnos
a nosotros mismos fuera un poco más fácil.

Somos recuerdos,
una cala inexplorada,
un viaje para escapar de la rutina,
una foto borrosa,
un carrete listo para revelar,
un baño nocturno que no
le teme a los resfriados,
una cena en un tejado
y un verano que no conoce lo que es
septiembre.

Somos momentos,
y ojalá podamos revivirlos siempre.

Cuando un amigo se va

Aún queda mucho tiempo
para que puedas ordenar
todo lo que ha dejado junto a ti.

No olvides lo valiente que has sido,
sé que hay veces en las que
los desenlaces no son como esperábamos,
pero para qué vas a seguir
intentando arreglar algo que te destruye.

A veces, cuando te quitas una tirita
antes de tiempo,
la herida puede volver a abrirse.
Puede volver a doler.

Deja que se vaya,
grita,
huye de la monotonía,
de tus errores,
de todo lo que te hace recordar
cómo es olvidarse
de uno mismo.

Si lo miras de otra manera

Si lo miras de otra manera,
los finales en los que acabas
llorando en el suelo y sin reconocerte
pueden no ser tan desgarradores como parece.

Porque al día siguiente
vuelve a amanecer, como todos los días.

Puede que haya desaparecido una parte de ti,
puede que ya no te guste escuchar ciertas *playlists*
o puede que necesites más de un café
para mantenerte despierto.

Pero no todo es constante.
No todo son casualidades
ni golpes de suerte.

Hay veces en las que tenemos que mirar
hacia el otro lado de la historia,
aunque no podamos dejar
de llorar.

Y yo sé que es difícil levantarse de la cama
cuando lo único que te sujetaba decidió soltarte,
Pero el daño te reconstruye,
hace que las raíces se rieguen solas,
que la sombra se convierta en luz,
que las mariposas que estaban perdidas
vuelvan a encontrarse.

Muchas veces el daño hace
que te salves a ti mismo.

Metamorfosis

Metamorfosis

He aprendido que a veces está bien tener
miedo, ver como todo lo que te rodea se
derrumba, sentirse insuficiente, acabar gritando
todo lo que te duele frente al espejo porque
tus ojos no pueden callarlo más.

Porque también tendrás más amores de verano
y más autobuses que perder, encontrarás
a alguien que sea tu hogar y que te ayude a
encajar todas las piezas de un puzle que
creías perdido.

Ojalá que después de todo, sepas mirar las
cosas de otra manera antes de rendirte,
a valorar las puestas de sol por si son las
últimas, a sonreír después del beso, a aceptar
los finales y los principios, a confiar en cosas
incluso más fuertes que cualquier hilo rojo
y a no temer a los días grises ni al desastre
que impide que veas las cosas con claridad.

Escribe cosas tristes cuando lo necesites,
quiere a las personas que están ahí
independientemente de los años que pasen,
perdónate si en su día no supiste estar solo.

Y recuérdalo siempre, somos la generación
de las mariposas, y no por las que llevamos
por fuera. Somos capaces de renacer,
de intentarlo las veces que haga falta.

Permítete perder y perderte todas las veces
que haga falta. Tantas como querer a quien
tienes al lado y quererte a ti mismo.

Nos quedarán más atardeceres,
a todos nosotros.

Frases

I. Tenemos la responsabilidad de regar nuestras propias flores para que puedan brillar cuando nosotros no podamos hacerlo.

II. Nos queríamos tanto que se nos olvidó lo que significaba la palabra «amor».

III. Ojalá que las palabras no se entrelazaran cuando hablo de ti.

IV. El amor es un aprendizaje constante contigo mismo.

V. Solo somos fugaces en vidas en las que no podemos formar parte.

VI. ¿No has querido nunca dejar de sentir algo por el miedo a seguir haciéndote daño?

VII. Ser fuerte también es pararte un segundo y saber dejar estar.

VIII. He destrozado todas estas páginas porque ya no hay nadie que quiera terminar de escribirlas conmigo.

IX. Intentamos aferrarnos a algo efímero porque
tenemos miedo de quedarnos a solas con
nosotros mismos.

X. He aprendido demasiado tarde que cuando
dos personas se quieren no tendrían por qué
hacerse daño.

XI. Ahora siento que me asfixio en estas cuatro
paredes que solo me recuerdan a ti.

XII. Intento tapar las heridas con simples tiritas
para que el miedo no pueda salir de mí.

XIII. Era yo el que tenía tanto veneno dentro
que no sabía cómo evitar matarse.

XIV. Vivir en un paréntesis hasta que podamos
ponerles punto final a historias de las que no
formamos parte.

XV. Hay momentos como los atardeceres que son
efímeros y que nunca quieres que acaben.

XVI. Somos una generación llena de miedos,
pero capaces de intentarlo todo una vez más.

XVII. Permítete perder y perderte todas las
veces que haga falta. Tantas como querer a
quien tienes al lado y quererte a ti mismo.

Agradecimientos

Escribir este libro ha sido todo un reto que nunca me hubiera imaginado conseguir. Me hace muy feliz poder compartir esto con vosotros después de tantos meses de aprendizaje constante.

Gracias a mis padres, por creer en mí incondicionalmente en cada paso que doy y por llenarme de valores que hoy me ayudan a levantarme cada vez que me caigo. Ojalá que todo el mundo se quiera como lo hacéis vosotros.

A mi familia, por quererme y apoyarme desde que soy pequeño y estar ahí por si algún día lo demás falla.

A mis amigos, por escucharme y no dejar que me olvide de por qué escribo, por acompañarme en cada viaje, por secarme las lágrimas en más de una ocasión. Gracias por estar.

A Editabundo y a Penguin Random House, por apostar desde el primer día por mí y entenderme tan bien. Todo esto no habría sido igual de bonito sin vosotros.

Gracias a quien me dejó en una conversación interminable conmigo mismo. Gracias por las lágrimas, por las sonrisas, por los «te quiero» y por dejarnos marchar.

Siempre tendrás un hueco en mi corazón que no podrá ocupar nadie.

Y sobre todo gracias a ti, lector. Por darme la mayor oportunidad que me podrías dar, que es leerme. Ojalá que haya conseguido dejar un poco de mi historia en la tuya.

Gracias y siempre gracias.

Espero que nos volvamos a encontrar en alguna de mis letras.